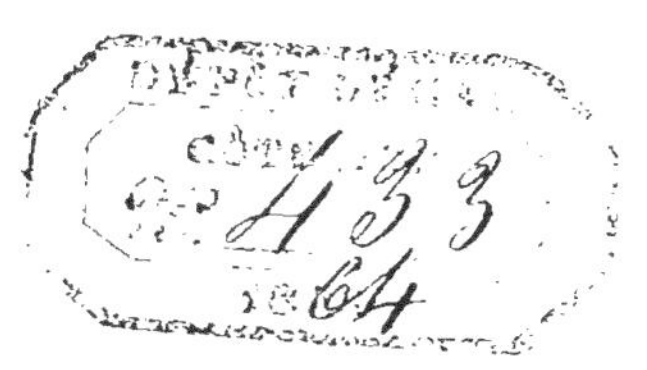

AUX CULTIVATEURS DU DOUBS

Messieurs et chers Cultivateurs,

J'espérais qu'avec Dieu ma dernière pensée serait en faveur de votre belle et noble profession ; j'étais dans l'erreur, puisque l'autorité en a décidé autrement. Devant, à l'avenir, cesser mes rapports officiels avec vous, je viens vous remercier de la confiance que vous m'avez constamment accordée pendant trente et quelques années, et vous prier de conserver la mémoire des efforts que j'ai faits par mes nombreuses publications et la grande quantité de leçons que j'ai eu l'honneur de faire en votre présence, pour être utile aux intérêts moraux et matériels attachés à l'enseignement de l'agriculture, comme à sa pratique. Je serai toujours, Messieurs, bien récompensé de mes peines si vous continuez de réaliser les améliorations que je vous ai constamment indiquées.

Je dois aussi des remercîments à MM. les curés et les pasteurs, ainsi qu'à toutes les personnes honorables qui ont bien compris et secondé ma mission progressive des intérêts matériels et moralisants; leur bienveillance pour moi m'assure qu'ils continueront à protéger ces intérêts dans la mesure de leurs moyens.

J'espère que les personnes impartiales qui liront les détails suivants, concluront avec moi qu'il y aurait eu justice, honnêteté et avantage pour l'enseignement agricole nomade de me laisser mourir professeur.

Préfecture du Doubs. — Cabinet du Préfet.

Besançon, 10 octobre 1863.

Monsieur,

M. le Président de la Société d'agriculture m'avait indiqué l'intention où vous étiez, en raison de votre grand âge, de vous démettre des fonctions de professeur d'agriculture que vous remplissiez depuis plus de vingt ans avec autant de dévoûment que de succès.

M. le Ministre de l'agriculture vient de vous désigner un successeur. En vous transmettant l'avis que vous adresse à ce sujet Son Excellence, je me fais un devoir et un plaisir de reconnaître hautement tout ce que l'agriculture doit à vos lumières et à votre long et constant dévoûment, et vous exprimer combien l'administration appréciait votre enseignement si expérimenté et si fécond en excellents résultats (1).

Agréez, Monsieur, l'assurance de ma considération.

Pour le Préfet :

Le Secrétaire général,

Signé **A. DE CHEVIGNÉ.**

M. Bonnet, *professeur d'agriculture à Besançon.*

---

(1) Comprendra qui pourra que l'on remplace un fonctionnaire sans le prévenir, après un tel éloge de ses fonctions.

Ministère de l'Agriculture, du Commerce et des Travaux publics.

DIVISION DU PERSONNEL. — 1ᵉʳ BUREAU.

Paris, 7 octobre 1863.

MONSIEUR,

M. le Préfet du département du Doubs m'a fait connaître que vous désiriez vous démettre de vos fonctions de professeur titulaire de la chaire d'agriculture de Besançon.

J'ai l'honneur de vous annoncer, Monsieur, que j'ai accepté votre démission. Ma décision de ce jour charge de la chaire d'agriculture de Besançon M. Jannenot, actuellement répétiteur à l'Ecole d'agriculture de la Saulsaie.

Recevez, Monsieur, l'assurance de ma parfaite considération.

Le Ministre de l'agriculture, du commerce et des travaux publics.

Pour le Ministre et par autorisation :

Le Conseiller d'Etat, Secrétaire général,

Signé BOUREUILLE.

M. BONNET, *professeur d'agriculture à Besançon.*

Besançon, le 17 octobre 1863.

MONSIEUR LE PRÉFET,

J'ai reçu la lettre que vous m'avez fait l'honneur de m'écrire en date du 10 courant, et celle de Son Excellence le Ministre de l'agriculture, toutes deux au sujet d'une prétendue intention de me démettre du titre de titulaire de la chaire d'agriculture du Doubs.

Cette prétendue intention, d'après votre lettre, me paraît être de l'invention de M. le président de la Société d'agriculture du Doubs (1); mais ce qui m'étonne et me peine en même temps, c'est que vous l'ayez présentée au Ministre comme un fait que rien ne peut justifier, plutôt de me faire l'honneur de me consulter. En effet, ce que l'on annonce est faux et mensonger, car je n'ai point manifesté l'intention d'abandonner mes fonctions professorales, et je n'ai point donné ma démission. Si j'avais dû le faire, après vingt quatre années d'honorables et utiles fonctions qui ont contribué puissamment à enrichir l'agriculture du Doubs (2), c'est à vous ou à Son Excellence que je l'aurais adressée, l'acte resterait. On m'a donc jugé sans m'entendre sur une simple supposition, pendant que j'étais occupé à tenir cinq séances en présence de sept à huit cents auditeurs, dans le but d'éclairer les vignerons ou propriétaires de vignes sur les améliorations de notre viticulture proposées par M. le docteur Jules Guyot.

Il est évident, Monsieur le Préfet, d'après cet exposé, que je suis révoqué injustement et non démissionné ; et c'est contre toutes ces choses que je proteste de toutes mes forces pour

---

(1) Ce président, cultivateurs, que vous ne connaissez pas assez, est un magistrat.... de la Cour impériale de Besançon, « un *agronome distingué* dont le zèle et le *dévoûment distingués* « vont au-delà de tout ce qui s'est jamais vu....» (Compte rendu du Conseil général du Doubs, 1860, page 47.)

(2) Cette richesse agricole s'est développée depuis 1840 au moins de quarante millions sous l'influence de notre enseignement. (Voir notre statistique, que personne n'a contestée, à la suite de notre publication de 1856 sur les capitaux en agriculture.)

l'honneur de l'administration, pour le respect que l'on doit à la vérité, et dans l'intérêt de l'agriculture qui a besoin d'être protégée dans les personnes qui s'en occupent, par des actes de justice et même de générosité de la part de l'autorité. C'est bien l'intention de Sa Majesté Napoléon III.

Je regrette bien sincèrement qu'on m'ait mis dans la nécessité d'écrire cette lettre et d'en donner connaissance à Son Excellence le Ministre de l'agriculture (1).

J'ai l'honneur d'être, avec respect, Monsieur le Préfet, votre très obéissant serviteur.

Signé BONNET, d.-m.-p.

Besançon, 17 octobre 1863.

Monsieur le Ministre de l'agriculture,

J'ai l'honneur d'adresser à votre Excellence copie de la lettre que j'ai cru devoir écrire à M. le Préfet du Doubs, en réponse à celle que j'ai reçue de lui et de votre dépêche du 7 courant, concernant la *prétendue intention,* de ma part, de donner ma démission de professeur titulaire de la chaire d'agriculture du Doubs.

Si Votre Excellence veut bien prendre la peine de lire cette copie, j'espère qu'elle reconnaîtra qu'elle a été mal renseignée, et que je mérite toujours, malgré mon âge, sa bienveillante confiance.

Dans cet espoir, Monsieur le Ministre,

J'ai l'honneur d'être, de Votre Excellence,

Le très respectueux et obéissant serviteur,

Signé BONNET, d.-m.-p.

---

(1) Aucune réponse n'a été faite à cette lettre, ni par le préfet, ni par le ministre.

Préfecture du Doubs. — Cabinet du Préfet.

Besançon, le 10 novembre 1863.

Monsieur.

Je désirerais avoir l'honneur de m'entretenir avec vous, et de vous fournir quelques explications au sujet de la mesure ministérielle dont vous avez été l'objet. Je vous serai obligé, en conséquence, de vouloir bien, si rien ne s'y oppose de votre côté, passer à mon cabinet demain mercredi, vers midi.

Agréez l'assurance de ma considération distinguée.

Signé PASTOUREAU.

A M. le docteur Bonnet.

RÉPONSE.

Besançon, 11 novembre 1863.

Monsieur le Préfet,

Je n'aurai pas l'honneur de me conformer à votre lettre d'hier, parce que la mesure injuste prise à mon égard, par un motif insoutenable, ne peut pas se justifier par des explications. Je ne puis donc que m'en rapporter à ma lettre du 17 octobre dernier, que je maintiens dans toutes ses parties.

J'ai l'honneur d'être avec respect, Monsieur le Préfet,

Votre obéissant serviteur.

Signé BONNET, d.-m.-p.

Préfecture du Doubs. — Cabinet du Préfet.

Besançon, 14 novembre 1863.

Monsieur,

J'ai eu l'honneur de vous engager à passer à mon cabinet, afin de recevoir de moi les explications que comporte votre lettre du 17 octobre dernier.

Vous n'avez pas jugé à propos de vous rendre auprès de moi, je ne puis que regretter votre résolution dans l'intérêt de votre propre satisfaction.

Je crois nonobstant devoir vous informer que j'avais mis pour condition à la présentation de votre successeur, que celui-ci vous abandonnerait une portion de son traitement pour vous tenir lieu d'une pension de retraite, à laquelle vous savez, du reste, que vous n'avez point de droit légal (1).

Je m'occuperai prochainement de régler cette convention.

Agréez, Monsieur, l'assurance de ma considération.

Signé PASTOUREAU.

---

(1) N'y a-t-il pas à côté du droit légal, pour les consciences honnêtes, un droit d'équité qui réclame justice et récompense en rapport avec les services rendus ? Le président de la république, aujourd'hui Napoléon III, le comprenait ainsi, lorsqu'il me décora de la Légion d'honneur le 19 août 1850, avec ces paroles flatteuses : *Monsieur, vous méritez bien cette honorable distinction pour les services que vous avez rendus à l'agriculture ; je suis heureux de vous l'offrir, et bien reconnaissant quand je puis la placer si bien.*

RÉPONSE.

Besançon, le 16 novembre 1863.

Monsieur le Préfet,

J'ai reçu votre lettre du 14 courant, et je m'empresse de vous remercier de votre sollicitude en faveur de mes intérêts pécuniaires.

Mais, Monsieur, la question qui nous occupe est placée beaucoup plus haut ; elle tient à l'honneur d'un fonctionnaire que l'on a révoqué sans raison, et auquel on vient, après coup, pour une telle injustice, lui offrir des explications ou une portion du traitement de son successeur pour lui tenir lieu de retraite à laquelle il n'a aucun droit légal.

Je savais cela avant votre lettre.

Mais pourquoi ne me demanderait-on pas d'être le suppléant de mon successeur? Ce serait chose naturelle, puisque je prendrais, d'après votre lettre, une portion de son traitement. Je ne comprends pas un arrangement semblable, et je le refuse formellement (1). Si c'est là votre dernier mot, nous pouvons, je pense, à l'avenir, nous dispenser de discuter une question ennuyeuse pour vous et malheureuse pour moi. A qui la faute ?

J'ai l'honneur d'être avec respect, Monsieur le Préfet,

Votre très obéissant serviteur.

Signé BONNET, d.-m.-p.

---

(1) La raison de mon refus est aussi simple que naturelle. Je n'accorde à personne le droit de compromettre et même d'attenter à ma dignité. Ce que l'on reçoit de l'Etat pour les services rendus est honorable; mais c'est l'opposé si on accepte d'une main tierce. Le ministre, d'ailleurs, ne dit rien à cet égard de la condition en question, ce qui peut faire supposer qu'elle a été inventée après coup.

Besançon, 23 novembre 1863.

Monsieur le Ministre de l'agriculture,

J'ai l'honneur d'adresser à Votre Excellence les pièces (1) qui peuvent l'éclairer sur la position que l'on m'a faite comme professeur d'agriculture, afin de les ajouter à la copie de ma lettre à M. le Préfet, du 17 octobre dernier, que j'ai eu d'ailleurs l'honneur de vous transmettre.

Il est évident pour moi que Votre Excellence n'a point eu l'intention d'être injuste à mon égard, et que ce n'est que par erreur qu'elle a pris sa décision du 7 octobre dernier. J'espère que, mieux informée, elle me rendra justice, et je compte autant sur sa bienveillance que sur mes bons droits d'être toujours professeur d'agriculture.

J'ai l'honneur d'être, Monsieur le Ministre,

De Votre Excellence,

Le très respectueux et dévoué serviteur.

Signé BONNET, d.-m. p.,
chevalier de la Légion d'honneur.

Ministère de l'Agriculture, du Commerce et des Travaux publics.

DIVISION DU PERSONNEL. — 1er BUREAU.

Paris, le 10 décembre 1863.

Monsieur,

Par différentes lettres que vous m'avez adressées, vous réclamez contre la décision qui a pourvu à votre remplacement comme professeur d'agriculture à Besançon.

---

(1) Les pièces en question sont : 1º la lettre du Préfet à la date du 10 octobre ; 2º celles du 10 novembre et du 14 du même mois, ainsi que les réponses que j'ai faites aux deux dernières. Son Excellence en a-t-elle pris connaissance? Il est permis d'en douter.

M. le Préfet du département du Doubs m'avait entretenu, Monsieur, de la difficulté que vous éprouviez, en raison de votre âge, à continuer un enseignement qui nécessite des déplacements fréquents et du désir que vous aviez vous même manifesté d'être remplacé dans vos fonctions. Dans ces circonstances, un successeur a dû vous être donné ; mais, en prenant cette mesure, l'administration n'a certainement pas entendu méconnaître les services distingués que vous avez rendus pendant vingt-cinq ans à l'enseignement agricole, et personne ne se méprendra sur les motifs qui pouvaient vous conseiller à vous-même un repos devenu nécessaire.

Je suis très disposé, d'ailleurs, si vous le désirez, Monsieur, pour mieux marquer aux yeux de tous l'estime que mon administration vous porte, à vous conférer le titre de professeur honoraire d'agriculture.

Recevez, Monsieur, l'assurance de ma considération.

Le Ministre de l'agriculture, du commerce et des travaux publics,

Signé ARMAND BÉHIC.

M. le docteur BONNET, *ancien professeur d'agriculture à Besançon.*

Si on devait encore discuter une chose jugée par l'autorité à tort ou à raison, je ferais observer que dans la lettre qui précède il n'est plus question de ma démission comme dans celle du 7 octobre, qui était le motif de la décision de Son Excellence le Ministre (1) ; il ne reste donc plus que les

---

(1) Pour être logique, cette décision devait être nulle.

dires du Préfet, qui ne sont appuyés que sur des conversations de salon, auxquelles ledit préfet répondait d'ailleurs : « L'âge ne fait rien, lorsqu'on a la force. » Mais le Ministre trouve, d'après l'entretien du Préfet, que j'éprouvais des difficultés à continuer un enseignement qui nécessite des déplacements fréquents. Les cultivateurs ont-ils porté des plaintes ? Non, à ma connaissance. Mais avez vous fait constater légalement mes forces ou mon insuffisance ? Non. Où sont donc vos raisons légitimes ?

J'oppose, d'ailleurs, à cela les fonctions que j'ai remplies du 1er mars au 4 octobre 1863, et la déclaration du Préfet lui-même au Conseil général dernier, qui dit que : *Le professeur d'agriculture continue avec un zèle infatigable l'enseignement qui lui est confié; il a tenu quatorze séances depuis le dernier Conseil.* Les cinq séances sur la viticulture, tenues cinq dimanches de suite en septembre et octobre, prouvent d'ailleurs que la force ne me manquait pas.

Je ferais encore observer, si cela pouvait avoir quelque utilité pour faire connaître la vérité, que Son Excellence est mal éclairée, quand elle dit que personne ne se méprendra sur les motifs qui pouvaient me conseiller un repos devenu nécessaire (1). C'est précisément le contraire qui s'est manifesté sur toutes les personnes de ma connaissance.

Enfin, le Ministre, par son éloge de mes services et sa bienveillante disposition de me conférer le titre de profes-

---

(1) Y avait-il péril en la demeure pour les bons effets de l'enseignement, oui ou non ? Dans le premier cas, il fallait un remplaçant qui pouvait n'être qu'un adjoint ; dans le second, me remplacer, c'est méconnaître mes services et ceux qui pouvaient encore résulter de mon activité; c'est nuire à l'agriculture en me portant préjudice ; mais la bureaucratie n'y regarde pas de si près.

seur honoraire que je ne désire pas, s'est certainement laissé influencer, car, dans le cas contraire, il aurait dû, dans l'intérêt de l'enseignement nomade de l'agriculture, faire vérifier par un inspecteur tout ce que l'on avançait. L'importance de cet enseignement que j'ai créé en valait bien la peine, et j'en donne pour preuve ce qu'un nouveau professeur d'agriculture, pour les Deux Sèvres, M. Guillemot, m'écrit par sa lettre du 5 décembre dernier, où il dit : *Je ferai tous mes efforts pour marcher sur vos traces dans le département qui m'est confié.*

BONNET, d.-m.-p.,

Chevalier de l'Ordre impérial de la Légion d'honneur,
fondateur de la Société du Prince Impérial, membre
de l'Académie de Besançon, etc., etc.

Dijon, typ. A. Grange.